Yoyo el yak

POR OLGA MELANIA ULLOA

ILUSTRADO POR JOHN PATRICK

Destreza clave Silabas con *Yy*

Scott Foresman
is an imprint of

Yoyo es un yak.

Es más grande que un yate.

Rolo es un cachorro.

Yoyo y Rolo son amigos.

¿Puede Yoyo el yak saltar?

Sí, salta como una yegua.

¿Puede Yoyo el yak correr?
Sí, corre como una yegua.

¿Puede Yoyo el yak saltar la cerca?
No, se cayó en la yerba.

¿Puede Yoyo el yak entrar en la casa?
No, Yoyo no puede entrar.

Un yak con cuernos no cabe en una casa.